Uwe Simon

W0062800

Baustelle Stress

Den alltäglichen Ballast bewältigen

FRANCKE
Verlag der Francke-Buchhandlung GmbH

Bibliografische Information Der Deutschen Bibliothek
Die Deutsche Bibliothek verzeichnet diese Publikation in der
Deutschen Nationalbibliografie; detaillierte bibliografische
Daten sind im Internet über http://dnb.ddb.de abrufbar.

ISBN 3-86122-616-2
35037 Marburg an der Lahn
Umschlaggestaltung: Henri Oetjen, DesignStudio Lemgo
Satz: Verlag der Francke-Buchhandlung GmbH
Druck: Schönbach-Druck, Erzhausen

Inhaltsverzeichnis

Ein persönlicher Baustellenbericht 5

Was ist Stress und wie wirkt
er sich aus ?.. 11

Wie kann ich Stress bewältigen ?.............. 33

Ein persönlicher Baustellenbericht

Am Anfang meines Berufslebens arbeitete ich in einer Herzklinik, wo auch das Halten von Seminaren für Patienten zu meinem Aufgabengebiet gehörte. Unter anderem hatte ich Seminare für Stress- und Stressbewältigung zu halten. Nicht nur einmal fand ich mich dabei in einer paradoxen Situation wieder: Der Einzige, der schon zu Beginn des Seminars rote Ohren hatte, sich angespannt und unwohl, ja sogar ein bisschen depressiv fühlte, war der Seminarleiter, und der war ich.

Die Seminarteilnehmer wirkten dagegen auf mich recht locker und entspannt. Einer sagte dann auch noch herausfordernd: „Ich erwarte heute Großes von Ihnen, Herr Simon." Obwohl ich die Provokation in dem Satz deutlich spürte, ließ ich mich dazu herausfordern und versuchte genau das zu tun, was möglicherweise genau diesen Patienten letztlich in die Klinik gebracht hatte: groß und besonders sein wollen und sich dabei hoffnungslos überfordern.

Ich habe es in solchen Situationen oft nicht geschafft, das zu tun, was ich anderen in so einer Situation empfehlen würde: Nehmen Sie es nicht persönlich! Sehen Sie zu, dass Sie Abstand bekommen! Das ist das Problem des Patienten und nicht Ihres! Aber: Weshalb habe ich es persönlich genommen? Weshalb hatte ich keinen Abstand? Und wie kann es allein das Problem des Patienten sein, wenn ich mich davon unter Druck setzen lasse? Die einzige plausible Erklärung, die mir einfällt, ist die, dass es mir im Grunde nicht anders ging als dem Patienten. Auch ich erwartete Großes von mir.

Vielleicht kennen Sie solche oder ähnliche Situationen aus Ihrem Alltag. Wie reagieren Sie darauf ?

Ich habe immer wieder gemerkt, dass ich bereit bin, viel zu investieren, um diesen Erwartungen gerecht zu werden. Ich glaube, die Patienten waren überwiegend zufrieden mit mir, was ich allerdings durch große Anstrengungen und

Selbstverbiegungen zu erreichen versuchte. Nur fühlte ich mich vor, während und nach so einer Gruppe oder auch in Einzelkontakten oft ziemlich elend und minderwertig. Durch viele meiner Aktionen und Reaktionen versuchte ich zu gefallen und zu funktionieren, verlor dabei aber den Draht zu mir selbst. Mein Körper und meine Seele haben mir signalisiert, dass etwas nicht stimmt. Ich konnte es an Magenproblemen, Muskelverspannungen, Angst- und Hilflosigkeitsgefühlen erkennen. Ich kenne andere Situationen, da habe ich im Auto laut geschrien. Einmal habe ich vor lauter Frust und Verzweiflung sogar ins Lenkrad gebissen. Ich rate Ihnen allerdings, es nicht nachzumachen. Besonders Letzteres ist gefährlich und sieht bestimmt nicht so gut aus.

Ich war bereit, viel zu investieren, wollte, dass die anderen mit mir zufrieden sind, damit ich zufrieden mit mir sein konnte. Ich hatte gute Arbeitsbedingungen und nette Kollegen. Trotzdem habe ich gelitten. Ich möchte, dass alle mich mögen. Ich möchte mir aber auch selbst treu bleiben. Das ist und bleibt ein Konflikt, den viele kennen. Ich empfinde es als schwierig, einen guten Mittelweg zu finden zwischen den verschiedenen Anforderungen und freue mich, wenn es mir gelingt: Momentan biete ich keine Stressseminare für Herzpatienten an.

Für mich war es gut, zu erkennen und zu akzeptieren, dass ich mich nicht an einer für mich falschen Stelle verschleißen brauche. Niemand verlangte es von mir, nur ich selbst forderte es von mir. Das habe ich mir lange selbst nicht eingestanden. Heute bin ich froh, dass ich es geschafft habe, einem bis dahin ungeschriebenen Gesetz in meinem Leben untreu geworden zu sein. Es lautete etwa so: „Du musst unter allen Umständen durchhalten und darfst eine sichere Position nicht aufgeben."

Seit ich einmal bewusst in größerem Stil dagegen verstoßen habe, geht es mir besser. Ich habe den Arbeitsplatz gewechselt und in meiner jetzigen Klinik eine Arbeitsstelle gefunden, die mir unterm Strich sehr viel Erfüllung und Freude bereitet. Natürlich warten hier und im

Privatleben neue Herausforderungen auf mich, denen ich mich aber auch immer wieder neu stellen will.

Sie merken, es kann hier nicht nur darum gehen, als Fachmann über Stress und Stressbewältigung zu schreiben. Es handelt sich bei jedem von uns um eine immer wiederkehrende Auseinandersetzung zwischen den Anforderungen einer bestimmten Situation und unseren Möglichkeiten, diese Situation zu bewältigen. Dabei gilt es, sowohl uns selbst treu zu bleiben als auch einer wahrgenommenen Verantwortung gerecht zu werden. Es geht beim Thema Stress und Stressbewältigung im Bild gesprochen um eine Dauerbaustelle, vielleicht um die Dauerbaustelle unseres Lebens, mit vielen kleinen und großen Nebenbaustellen. Immer wieder müssen wir kleinere oder größere Bautrupps losschicken, um ein Stressprojekt zu bewältigen. Danach wartet das Nächste auf uns. Ein ein für alle Mal gelöst geglaubtes Problem will saniert werden, weil die Lösung nicht mehr zeitgemäß ist oder einfach nicht mehr wirkt. Der täglich

wiederkehrende Ballast in Form von Routine-
aufgaben fordert einen Großteil unserer Kraft.
Für all das brauchen wir einen guten Baugrund
und gute Werkzeuge, um uns dieser Aufgabe zu
stellen. Zunächst wollen wir uns den Werk-
zeugen zuwenden, die aber, um es hier schon
einmal zu sagen, natürlich nur etwas taugen,
wenn wir wissen, wozu wir sie einsetzen wollen.

Was ist Stress und wie wirkt er sich aus?

Eine Definition

„Kein Mensch kann leben, ohne immerzu in beträchtlichem Maße Stress an sich selber zu erfahren", so schreibt Hans Selye, der den Begriff in den 50er Jahren in unserem Sinnzusammenhang geprägt hat. Er schreibt weiter: „Man könnte meinen, dass nur ernstliche Krankheiten oder intensive körperliche oder seelische Schädigung Stress hervorrufen können. Das ist falsch. Das Überschreiten einer verkehrsreichen Kreuzung, das Lösen einer künstlerischen Aufgabe oder unverhoffte Freude reichen aus, um den Stress-Mechanismus des Körpers in einem gewissen Ausmaß zu aktivieren. Stress muss keineswegs immer schädlich sein; er ist zugleich die Würze des Lebens, denn jede Gemütsbewegung und jedes Tätigsein verursacht Stress. Aber natürlich muss der Organismus bereit sein, mit ihm fertig zu werden." Die schon recht alte, aber immer noch zutreffende Stressdefinition von ihm lautet: *„Die Belastungen, Anstrengungen und Ärgernisse, denen ein Lebewesen täglich durch viele Umwelteinflüsse ausgesetzt ist. Es handelt sich um Anspannungen und Anpassungszwänge, die einen aus dem persönlichen Gleichgewicht bringen können und bei denen man körperlich und seelisch unter Druck steht.“*

Wenn eine Stressreaktion zu einem ernsthaften Problem wird

Einige Belastungen, Anstrengungen und Ärgernisse, die auf Dauer krank machen können, möchte ich zunächst zur Veranschaulichung nennen. Sie sind bunt gemischt wie das Leben: Lärm, Hitze, Verantwortung, Konflikte, Misserfolge, Streitereien, Ärger mit dem Partner, Chef oder Kindern, Sorge um den Arbeitsplatz, Stau, Krankheit, Zeitnot, Hetze, Informationsüberflutung etc. Alle diese Faktoren bezeichnet man auch als Stressoren. Sie bewirken eine Stressreaktion. All diese und Tausende von Sachen mehr können eine solche Stressreaktion auslösen.

Ob es tatsächlich dazu kommt, hängt von der Stärke des Stressors ab, der Dauer der Einwirkung, der Bewertung des Stressors und welche Möglichkeit ein Mensch hat, eine Stressreaktion zu verhindern oder zu bewältigen.

Also:
Je stärker der krank machende Stressor,
je länger die Dauer, die wir einem Stressor oder mehreren Stressoren ausgesetzt sind,
je belastender wir einen Stressor bewerten und
je weniger wir krank machende Stressoren vermeiden oder bewältigen können, umso wahrscheinlicher werden Stressreaktionen zu einem ernsthaften Problem.

Dabei ist es überhaupt nicht das Ziel, jede Stressreaktion zu verhindern, denn dann wäre das Leben für uns sehr langweilig, ja wir würden uns wahrscheinlich irgendwann gar nicht mehr bewegen. Vielmehr ist in unserem Zusammenhang mit Stress die Dauerbelastung und Überforderung gemeint, die letztlich krank macht.

Stress als ernsthaftes Problem hat also etwas zu tun mit einem meist andauernden Missverhältnis zwischen Anforderungen einer bestimmten Situation und den Möglichkeiten einer Person, diesen Anforderungen gerecht zu werden.

Schematisch drückt die folgende Ungleichung noch einmal aus, worum es geht:

Stress bedeutet wenn:

$$\frac{\text{Anforderungen der Situation}}{\text{Möglichkeiten der Person}} \neq 1$$

- Anforderungen der Situation: Das, was objektiv von außen von uns verlangt wird, oder was wir glauben, das uns abverlangt wird.
- Möglichkeiten der Person: soziale, psychische, körperliche und intellektuelle Fähigkeiten, den äußeren oder inneren Anforderungen gerecht zu werden.

Sind Anforderungen und Möglichkeiten in einem ausgewogenen Verhältnis, sprechen wir davon, dass wir uns in einem zufriedenen, ausgeglichenen oder stressarmen Zustand befinden. Im Zusammenhang der oben genannten Ungleichung gilt beides: Überforderung (die Anforderungen der Situation übersteigen die Möglichkeiten der Person) und Unterforderung (die Anforderungen der Situation bleiben unter den Möglichkeiten der Person) können als Stress erlebt werden. Würden Anforderungen der Situation und Möglichkeiten der Person immer in einem ausgewogenen Verhältnis zueinander stehen, würden wir keinen krank machenden Stress erleben (das Ergebnis wäre in der oberen Formel = 1).

Wenn die Anforderungen der Situation und die Möglichkeiten, die mir als Person gegeben sind, diesen Anforderungen gerecht zu werden, nicht übereinstimmen und dieser Zustand intensiv ist und lange anhält, sprechen wir von „krank machendem Stress" (das Ergebnis weicht nach oben oder unten von 1 ab).

Zwei lebenspraktische Beispiele:
Carola und Kurt

Da ist zum einen Carola. Sie ist Mutter von vier kleinen Kindern, die scheinbar stets zur selben Zeit alles von ihr wollen. Da Carola aus finanziellen Gründen eine Teilzeitbeschäftigung annehmen musste, erlebt sie Anforderungen, die sie überfordern. Gerade hat sie sich in der Stelle eingearbeitet, da wird das jüngste Kind krank, das zehrt an ihren Nerven. Der Stress ist größer, als sie aushalten kann. Carola wird unter dem Stress krank. Was soll sie bloß machen ...?

Da ist schließlich der Frühpensionär Kurt. Er hat sein Leben lang hart und viel gearbeitet. Schon in frühen Jahren hat er sich aus dem Vereinsleben zurückgezogen, Arbeit war sein Leben. Nun hat sein Betrieb ihn freigesetzt. Kurt muss nicht mehr zur Arbeit. Er ist völlig unterfordert. Was soll er tun? Beim Lesen der Tageszeitung erfährt er von der fehlgeschlagenen Vorstandswahl im Heimatverein. Sollte er sich nicht zur Wahl stellen ...?

Sie sehen: Beide erleben Stress. Aber während

es für Frühpensionär Kurt leicht ist, in ein Ehrenamt einzusteigen, ist das Abgeben von Aufgaben für Carola mehr als schwierig.

Die beiden Beispiele zeigen auch, dass wir Lebensbedingungen nicht isoliert betrachten können. Sie sind immer in einen Gesamtzusammenhang eingebettet, wie der folgende Abschnitt noch einmal zeigen soll.

Der Stresskreislauf oder: Bin ich ein Hamster?

Kennen Sie das? Hans Hamster hat keine Zeit. Alles muss schnell, schnell gehen. An Abschalten ist gar nicht zu denken. Auch am Wochenende geht's weiter, weil so viel liegen geblieben ist. Das muss unbedingt noch erledigt werden. Der Partner oder die Freunde sind sauer auf Hans, weil ein geplanter Ausflug dem „Stress" zum Opfer fällt. Er merkt, ihm fehlt der Ausgleich, aber was soll er machen? Am nächsten Wochenende dasselbe Spiel. Die Konflikte nehmen weiter zu, aber einen Ausgleich hat er immer noch nicht. Dann ist da ja auch noch der Beruf. Ein größeres Projekt steht an, für das er zusätzlich Energie benötigt. Obwohl sein Körper ihm in Form von Schlafstörungen deutliche Warnzeichen gibt, macht Hans weiter. Er muss das schwierige Problem lösen. Sein Chef setzt auf ihn. Hans hat gelernt, jede Herausforderung anzunehmen. Wenn es irgendwie geht, sagt er niemals „nein". Unterdessen nehmen die privaten Konflikte zu, besonders mit seiner Frau. Die beiden sprechen fast nicht mehr miteinander. Sein Körper gibt alles, Hans schläft mittlerweile immer schlechter. Seine Seele rebelliert mit einer tiefen Unzufriedenheit. Hans Hamster fliegt erst aus seinem Hamsterrad, als seine Frau zu ihm sagt: „Hans, ich gehe."

Sie merken: es sind vielfältige Anforderungen im Beruf und im Privatleben, die in einem komplizierten Wechselspiel zueinander stehen, d. h. sie wirken aufeinander und bedingen sich gegenseitig. Viele Zyklen werden in der Regel durchlaufen, bis ein Zustand eintritt, der mit dem bekannt gewordenen Satz eines Fußballtrainers bestens beschrieben ist. Er lautet: „Ich habe fertig."

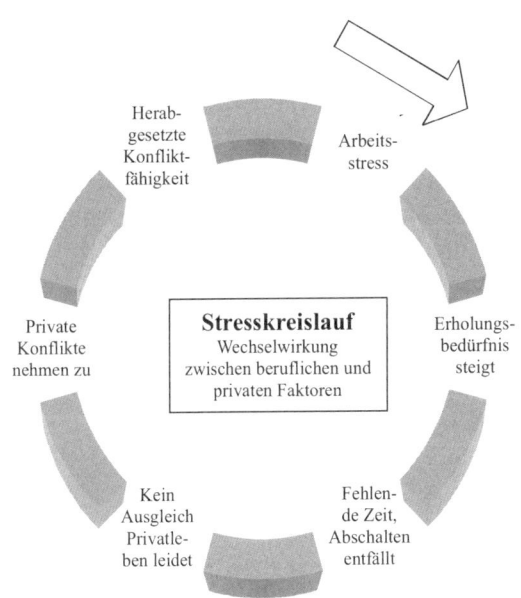

Herab-
gesetzte
Konflikt-
fähigkeit

Arbeits-
stress

Private
Konflikte
nehmen zu

Stresskreislauf
Wechselwirkung
zwischen beruflichen und
privaten Faktoren

Erholungs-
bedürfnis
steigt

Kein
Ausgleich
Privatle-
ben leidet

Fehlen-
de Zeit,
Abschalten
entfällt

Wir können in diesem Modell an jeder beliebigen Stelle einsetzen. Die Gründe zur Erklärung von Stress, aber auch zur Rechtfertigung von stresserzeugendem Verhalten sind so vielfältig wie alle beteiligten Einflussfaktoren.

Der eine sagt, er sei im Stress, weil er keine Zeit hat. Ein anderer fühlt sich gestresst, weil er keinen Ausgleich hat. Ein dritter hat Stress wegen privater Konflikte oder weil er mit sich und seiner Lebenssituation unzufrieden ist. Es können auch Arbeitsbelastungen als Gründe für Stress genannt werden.

Tatsache ist, dass wir meist nicht einen Grund isoliert betrachten können, sondern immer das Zusammenspiel von vielen Ursachen im Blick haben müssen, wenn wir zuverlässig Stress bewältigen wollen.

Tatsache ist auch, dass Stresserkrankungen immer Folge eines gestörten Selbstregulationssystemes sind.

Wenn hier vom Berufsleben gesprochen wird, heißt das natürlich nicht, dass diejenigen, die keinen Beruf ausüben, keinen oder weniger

Stressreaktionen erleben würden. Das Gegenteil ist oft richtig: Arbeitslosigkeit oder andere ungewollte Berufstätigkeit können sehr intensive Stressoren sein. Der erlebte Stress ist hier wohl eher durch eine negative persönliche oder soziale Bewertung oder durch Langeweile und Unausgefülltsein, als durch Überforderung bedingt.

Ein Blick in den gestressten Körper

Das recht komplizierte Geschehen in unserem Körper, das sich unter Stressbedingungen abspielt, kann in unserem Zusammenhang nur skizzenhaft erörtert werden. Es handelt sich kurz gesagt darum, dass unsere Psyche, die sich überfordert fühlt, den Körper in einen Alarmzustand versetzt. Sie fordert sozusagen Energie und Kampfbereitschaft an, die in der Regel aber gar nicht in körperliche Aktivität umgesetzt werden kann. Bleibt dieser Zustand über längere Zeit bestehen, bewirkt das Missverhältnis von seelischem Alarmzustand und körperlicher Inaktivität eine Vielzahl von Folgereaktionen wie z.B.

Bluthochdruck, Magengeschwüre oder Arteriosklerose.

Damit es möglichst erst gar nicht zu diesen Folgen kommt, gilt es, den ausgesprochen komplizierten und genial aufeinander abgestimmten komplexen Regelkreislauf in unserem Körper als Signal zu verstehen.

Die Stressreaktion als Signal verstehen lernen

Wenn das Kind auf die heiße Herdplatte fasst, zieht es reflexhaft die Hand zurück. Das Schmerzempfinden mobilisiert das Zurückziehen der Hand. Der Schmerz ist das entscheidende Signal für die Reaktion des Kindes. Ebenso können wir Stressreaktionen als Signale verstehen. Unkonzentriertheit bei einer langen Autofahrt sollte uns signalisieren, eine Pause einzulegen. Damit kann Schlimmeres, zum Beispiel ein Unfall verhindert werden. Signale wollen gedeutet und richtig verstanden werden. Nur so erfüllen sie ihren Zweck.

Angenommen, es ist das Anliegen unseres Schöpfers, dass wir die Stressreaktion als Botschaft verstehen, darüber nachzudenken, ob das, was wir gerade tun, uns auch gut tut. Dann wäre die Stressreaktion ein genialer Schöpfungsakt, den es richtig zu bewerten gilt (vielleicht sogar mit einem dankbaren Augenzwinkern nach oben gerichtet). Dann könnten wir jede, auch noch so unangenehme Stressreaktion als deutlichen und zugleich wirksamen Hinweis Gottes betrachten. Wir dürfen überlegen, ob es sich hier um ein Lebensproblem handelt, das der guten Schöpfungsordnung Gottes entspricht oder widerspricht. Die Stressreaktion funktioniert dann ähnlich wie eine Verkehrsampel, die uns warnt, sie zu beachten, um Schaden zu vermeiden.

Und außerdem: Ist es nicht so, dass wir eine ausreichende Motivation brauchen, um uns zu verändern? Da können es auch leidvolle Stressreaktionen sein, die Gott nutzt, um uns etwas klar zu machen.

Stressreaktionen zeigen eine natürliche Begrenzung unseres Leistungsvermögens an. Wir tun gut daran, sie zu akzeptieren. Trotzdem kommt es manchmal vor, dass wir keine Wahrnehmung für unsere natürliche Grenze haben oder sie bewusst ignorieren. Es geht also um die Frage, wie wir Körpersignale richtig wahrnehmen und deuten können. Vielleicht fragen Sie sich: Woran kann ich erkennen, dass ich gestresst bin?

Dazu wollen wir uns vier erlebbaren Ebenen zuwenden. Wir können sie als Signale des Körpers verstehen, die anzeigen, dass Stress zum ernsthaften Problem geworden sein kann.

Die vier Ebenen der Stressreaktion

• *Kognitive Überforderungsreaktionen*

In der Vorbereitung auf mein Vordiplom erfuhr ich, dass ich, wegen Krankheit, mit einem Wechsel des Prüfers rechnen müsse. Das abgefragte Wissen war in dieser Prüfung von den Vorlieben der jeweiligen Prüfer abhängig. Ich hatte mich intensiv auf einen bestimmten Prüfer vorbereitet. Dann kam diese Nachricht. Ich erkannte mich nicht mehr wieder. Alle Gelassenheit, die ich bis dahin noch so einigermaßen aufrechterhalten hatte, war plötzlich wie weggefegt: Wie ein verdattertes Huhn lief ich auf und ab und überlegte: Wie soll ich das schaffen? Ich besorgte mir in hektischer Unruhe das entsprechende Buch und begann sofort wie wild darin zu lesen. Ich wollte alles sofort auswendig können. Ich hatte den Anspruch, das Wissen in mich hineinzufressen. Dabei verstand ich nicht einmal, was ich las. Ich konnte die Kost nicht verwerten. Ich war total angespannt, wackelte unruhig auf meinem Bürostuhl hin und her. Schließlich sah ich nur noch die Buchstaben, nicht mal mehr die Worte, geschweige denn die Sätze: Ich hatte mich total blockiert. Es ging nichts mehr. „Aus, vorbei", dachte ich in diesem Moment. Glück-licherweise stellte sich bald heraus, dass ich doch nicht von diesem Prüfer geprüft werden würde.

Dauerstress, der durchaus z. B. in einer Prüfungsphase von mehreren Wochen auftreten kann, führte zur Einengung der Wahrnehmung und Informationsaufnahme („Scheuklappeneffekt"). Auch Lern- und Gedächtnisleistungen nehmen unter solchen Bedingungen messbar ab.

Symptome sind: Konzentrationsstörungen, Denkblockaden, Denkfehler, Tagträume, Realitätsflucht, Alpträume.

• *Vegetativ-hormonelle Überforderungsreaktion*
Kurz nach meinem Studium, es war die Zeit des Berufseinstieges, der Phase eines Hausumbaues und des ersten Ehejahres, ging es mir nicht gut. Alles war mir zu viel. Ich fühlte mich körperlich sehr unwohl, litt unter Magenbeschwerden und dichtete mir schwerste Herzbeschwerden an. Ich ging zum Internisten. Am Ende der Untersuchung diagnostizierte er: „Herr Simon, Sie sind ein vegetatives Würstchen."

Bei den vegetativ-hormonellen Überforderungsreaktionen erfolgt eine Erhöhung der Reaktionsbereitschaft in Richtung Erregung, um sich den erhöhten Anforderungen anzupassen. Mögliche Folgereaktionen sind psychosomatischer Beschwerden.

Symptome sind: Herz-Kreislauf-Beschwerden, Herzrasen, Herzstolpern, hoher (labiler) Blutdruck, Darm- und Magengeschwüre, Verdau-

ungsbeschwerden, Schlafstörungen, Schwindel-
anfälle, Atembeschwerden, Migräne, chronische
Müdigkeit, Anfälligkeit für Infektionen, Sexu-
elle Funktionsstörungen, Verschiebung des
Hormonhaushaltes.

• *Muskuläre Überforderungsreaktionen*
Wenn ich nach längerer körperlicher Untätig-
keit mal wieder richtig anpacke oder meinen
wöchentlichen Ausdauersport über Wochen ver-
nachlässige, spüre ich am nächsten Tag Muskel-
kater. Dieser Schmerz ist zwar unangenehm, aber
erklärbar, und er verschwindet meist schnell.
Chronische Anspannungsschmerzen vermitteln
dagegen ein negatives, trübes und zähes Grund-
gefühl. Bei dieser Art von Schmerz, z. B bei Kopf-
schmerzen oder Rückenschmerzen, kommen
grundlegende Haltungsschäden, ja vielleicht
sogar Lebenshaltungsschäden zum Ausdruck.

Ständige Anspannung verbraucht übermäßig
viel Energie, was zu vorzeitiger Ermüdung führt.

Symptome sind: Chronische Verspannungen
verschiedener Körperpartien. Muskeln, die durch

einseitige körperliche und psychische Belastung ständig angespannt sind, drücken die in ihnen liegenden Blutgefäße zusammen. Als Folge wird die Blutzufuhr gedrosselt, mangelhaft abgeführte Abbauprodukte „vergiften" den Muskel und der Körper reagiert mit Schmerzen (z.B. Spannungskopfschmerz). Vorzeichen für Verspannung sind allgemeine Verspanntheit, leichte Ermüdbarkeit, Krampfneigung, Muskelzittern und Entspannungsunfähigkeit.

• *Emotionale Überforderungsreaktionen*
Als ich damals auf der Autofahrt vor Wut und Hilflosigkeit in das Lenkrad gebissen habe, war ich sicher emotional überfordert. Ich fühlte mich aggressiv und hilflos. Ich habe damals keine Möglichkeit gesehen, die angestauten Gefühle des Tages in die Beziehungen zu bringen. Ich traute mich nicht, sie an den Mann oder an die Frau zu bringen.

Bei Dauerstress kommt es zu emotionalen Zuständen, die letztlich dem Grundmuster Aggression (bei Angriffstendenz) und Angst (bei

Fluchttendenz) oder Hilflosigkeit entsprechen.

Symptome der emotionalen Überforderungs-reaktion sind: Aggressionsbereitschaft, Angstgefühle, Unsicherheit, Unzufriedenheit, Unausgeglichenheit, Gefühlsschwankungen, Nervosität, Gereiztheit, Apathie und Teilnahmslosigkeit.

Es gilt: Je mehr Symptome aus den vier Bereichen zutreffen, umso bedeutsamer ist das Thema Stress.

Stress kann als der Auslöser schlechthin für viele seelische und körperliche Leiden aufgefasst werden. Diesen Zusammenhang will ich im folgenden Abschnitt kurz erklären.

Das Verwundbarkeits-Stress-Modell

In der Fachsprache ist es als Vulnerabilitäts-Stress-Modell bekannt geworden. Vulnerabilität bedeutet Verwundbarkeit. Die Verwundbarkeit ist abhängig von Einflüssen auf den Ebenen der Biologie, der Umwelt und des Verhaltens. Nach diesem Modell entstehen viele seelische Erkrankungen, wenn die Verwundbarkeit oder Anfälligkeit eines Menschen mit einem aktuellen Stressor zusammentrifft. Die beiden Faktoren, Ausmaß der Verwundbarkeit und aktueller Stressor summieren sich. Wird eine bestimmte Schwelle überschritten, entsteht eine krankhafte körperlich-seelische Reaktion. Wenn also eine Verwundbarkeit sprich Anfälligkeit für krankhafte Reaktionen vorliegt, kann Stress diese krankhaften Reaktionen auslösen, sofern eine bestimmte Grenze überschritten wird.

Kleiner Exkurs: „Gelernte Hilflosigkeit"

Ich habe geschrieben, dass Hilflosigkeit ein Grundmuster der emotionalen Stressreaktion sein kann: Das bei Tieren gut erforschte Phänomen der „gelernten Hilflosigkeit" trifft wohl auch beim Menschen zu. Stellen Sie sich vor, Tiere werden einem ständigen Schmerzreiz ausgesetzt. Die Bedingungen sind so, dass die Tiere nicht fliehen können. Zuerst versuchen sie alles Mögliche, um zu fliehen. Nach einer Zeit tun sie nichts mehr. Sie liegen teilnahmslos in der Ecke und ertragen den Schmerz. Könnten diese Tiere denken, dann haben sie gelernt: „Egal, was ich tue, ich kann der unangenehmen Situation nicht entfliehen." Danach kommen die Tiere in eine Umgebung, in der die Flucht vor dem Schmerz möglich wäre. Anstatt die Chance zu erkennen und zu fliehen, legen sich die Tiere in die Ecke und ertragen den Schmerz, so wie sie es vorher gelernt haben. Sie haben Hilflosigkeit gelernt.

Menschen, die über lange Zeit unveränderbaren Bedingungen, z. B. Schlägen in der Kindheit ausgesetzt waren, lassen sich manchmal auch später noch schlagen, selbst wenn sich die äußeren Bedingungen vollständig geändert haben. Als Menschen können wir über Situationen nachdenken. Wir können uns über die Bedeutung und die Ursachen von Hilflosigkeit klar werden. In den Therapiegesprächen mit Patienten stellen wir nicht selten fest, dass die Reaktion, als Kind hilflos zu reagieren, sehr sinnvoll und notwendig gewesen sein kann, vielleicht sogar Leben gerettet hat. Hätte sich das schwache Kind gewehrt, vielleicht wäre es vom wutentbrannten Erwachsenen getötet worden. Diese natürliche Reaktion der Hilflosigkeit ist vergleichbar mit dem Totstellreflex bei Tieren. Sie stellen sich tot. Der Angreifer wendet sich ab. Interessante Fragen in der Therapie lauten: Sind die Bedingungen heute noch genauso wie früher? Gibt es Möglichkeiten der Veränderung, die wir bisher gar nicht für möglich gehalten haben? Wo lassen wir uns von der gelernten Hilflosigkeit bis heute in unseren Entwicklungsmöglichkeiten einengen?

Wie kann ich Stress bewältigen?

Vor jeder Therapie steht eine Diagnose

In meiner jetzigen Klinik, der Klinik Hohe Mark, gibt es ein Gesprächsforum, wo ich in dieses Thema meist mit der Frage einsteige: *Was bedeutet für Sie Stress konkret?*

Bei den Antworten stellen wir dann nicht selten fest, dass das, was für den einen Stress bedeutet, für einen anderen die pure Freude sein kann: „Ich finde es total stressig, vor vielen Leuten zu reden" – sagt der eine. „Oh, da komme ich erst so richtig in Fahrt. Das macht mir gerade Spaß" – so sagt die andere. Mit den Möglichkeiten der persönlichen Stressbewältigung verhält es sich nicht anders.

Dabei gibt es eine Voraussetzung: Ich kann nur den Stress bewusst beeinflussen und bewältigen, den ich vorher benannt habe. Sie erinnern sich: Ich kann Werkzeuge sinnvoll benutzen, wenn ich weiß, was ich damit vorhabe. Es macht Sinn, sich Zeit zu nehmen für die Frage:

Was ist es überhaupt, das mich stresst? Erst dann ist es sinnvoll zu überlegen, wie ich daran arbeiten kann. Vor jeder Therapie steht eine Diagnose, könnte das Motto lauten.

Zur Diagnosenstellung hilft oft auch die Frage an eine Person meines Vertrauens, die lauten könnte: „Was glaubst du, was mein Problem ist?" Dabei gilt dann: Je konkreter und ehrlicher die Antwort, umso mehr kann ich damit anfangen bei der Stressbewältigung.

Wir alle haben einen Vorrat an Möglichkeiten entwickelt, Stress zu begegnen. Auch hier können wir fast regelmäßig feststellen, dass jeder und jede das Recht auf seinen eigenen Vorrat an Möglichkeiten hat. Das, was der eine ablehnt, das gefällt dem anderen.

Manche dieser Möglichkeiten helfen Stress zu bewältigen, andere sorgen langfristig für zusätzlichen Stress. Wenn ich zum Beispiel auf die Idee komme, den Stress der Einsamkeit durch Alkohol zu bewältigen, wird das sich als Ursache für neuen Stress erweisen. Wenn ich dagegen Sport treibe, kann ich bestimmten Stress abbauen.

Trotzdem steht fest: Jeder hat „das Recht auf seinen eigenen Stress" und auch auf seine eigene Art der Stressbewältigung. Wir sollten uns dabei natürlich überlegen, ob das, was wir zur Stressbewältigung einsetzen, auch das ist, was wir längerfristig beibehalten können, ohne uns und unseren Zielen untreu zu werden.

Grundsätzlich können wir an den beiden großen Einflussfaktoren ansetzen, wenn wir überlegen, wie Stressbewältigung geschehen kann. Wir erinnern uns: Stress kommt aus der Situation oder der Person. Entweder ich verändere die Anforderung der Situation oder die Möglichkeiten der Person oder beides.

Bevor wir uns den Einflussmöglichkeiten zur Stressbewältigung konkreter zuwenden, möchte ich Ihnen noch eine wichtige Rahmenbedingung für den effektiven Umgang mit dem alltäglichen Ballast vorstellen.

Das Yerkes-Dodson-Gesetz

In der psychologischen Forschung gibt es das so genannte „Yerkes-Dodson-Gesetz". Es sagt etwas aus über die Beziehung zwischen dem Grad der Anspannung und der Leistungsfähigkeit. Die folgende Abbildung gibt schematisch Aufschluss über die Art dieser Beziehung. Nur der Vollständigkeit halber sei hier erwähnt, dass sich diese Abbildung jeweils etwas anders darstellt, wenn ich das Anforderungsniveau variiere.

Auf der aufrechten Achse ist die Leistungsfähigkeit dargestellt, die oben hoch und unten gering ist. Auf der waagrechten Achse sind drei Anspannungszustände von sehr gering über mittelmäßig bis sehr hoch abgetragen (in Wirklichkeit sind diese Übergänge natürlich fließend). In den unteren Zeilen sind verschiedene Bewertungen oder Einstellungen, die zu den verschiedenen Graden der Anspannung passen könnten, aufgeführt. Darauf will ich weiter unten noch einmal Bezug nehmen.

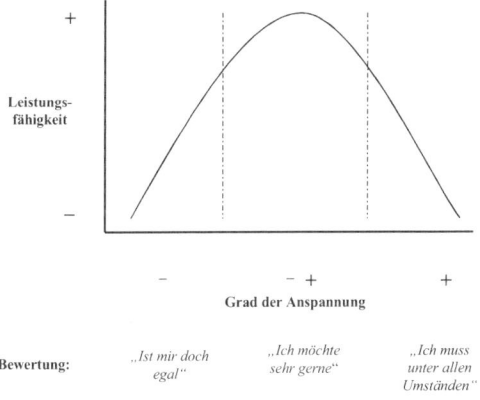

Bewertung:	*„Ist mir doch egal"*	*„Ich möchte sehr gerne"*	*„Ich muss unter allen Umständen"*

Für alle Stressbewältigung gilt: Solange ich mich in einer bestimmten Anforderungssituation im mittleren Bereich der Anspannung (im Schaubild der Bereich - +) befinde, bewege ich mich zugleich im höchsten Bereich meiner Leistungsfähigkeit. Für die Stressbewältigung in einer Stresssituation ist es also wichtig, dass meine Anspannung nicht zu hoch, aber auch nicht zu gering ist, weil in beiden Fällen meine Leistungsfähigkeit sinkt. Wenn wir eine ausgeglichene innere Haltung einnehmen können, ist es die beste Voraussetzung, mit den Anforderungen zurechtzukommen. Jede sinnvolle Stressbewältigung zielt deshalb letztlich darauf ab, möglichst oft im mittleren Bereich der Anspannung zu sein. Dazu möchte ich Ihnen mehrere Möglichkeiten vorstellen.

Zunächst den wichtigen Bereich der Einstellungsänderung, dann Belastungsausgleich, danach Entspannung und Bewegung. Sehr wichtig ist auch das Problemlösen und schließlich ein funktionierendes soziales Netz.

Die Einstellungsänderung

Ein sehr wichtiger Bereich der Stressbewältigung besteht in der **Einstellungsänderung**. Dazu ein Witz und die Aussage eines Philosophen:

Kommt ein Mann zum Arzt mit einer lästigen Durchfallerkrankung. Dieser verschreibt ihm versehentlich ein starkes Beruhigungsmittel anstatt eines Magen-Darm Präparates. Am nächsten Tag kommt der Mann wieder zum Arzt und sagt: „Ich mache mir zwar immer noch in die Hose, aber es stört mich nicht mehr."

Von Epiktet, dem griechischen Philosphen und Sklaven, stammt die Weisheit, dass *„nicht die Dinge es sind, die uns beeinflussen, sondern die Meinung, die wir von den Dingen haben"*. Einstellungen sind zentral für unser Denken, Empfinden und Handeln.

Witz und Philosophie haben dieselbe Botschaft: Es kommt darauf an, wie wir eine bestimmte Sache sehen, wie wir sie bewerten. Und davon hängt ab, was wir fühlen, wie unser Körper reagiert und wie wir unser Handeln ausrichten. Also, ob wir gestresst oder locker reagieren.

Wie wir auf der Abbildung sehen können, habe ich jeden der drei Bereiche mit einer Bewertung versehen, die ein Mensch bei dem entsprechenden Anspannungsniveau haben könnte. Die höchste Leistungsfähigkeit, die ja bei einem mittleren Anspannungsniveau möglich ist, geht mit einer Bewertung (oder Einstellung) zusammen, wo ich locker, zwar entschlossen und zielgerichtet, aber für jeden möglichen Ausgang offen bleibe. Dies entspricht etwa in der Konkretion der Einstellung oder Bewertung: *„Ich möchte sehr gerne von anderen gemocht werden, aber ich will mich dafür nicht mehr verbiegen."*

Ganz anders die „Ist-mir-doch-egal"-Haltung, die in einer speziellen Situation lauten könnte: *„Ich mache gar nichts und ruhe mich aus. Sollen die anderen doch denken, was sie wollen."*

Dieser Mensch bleibt zwar vielleicht körperlich gesund, wird aber in seinem sozialen Umfeld auf Dauer Ablehnung erfahren.

Die Einstellung *„Ich muss unter allen Umständen"* z. B in dieser Form: *„Ich muss unter allen Umständen erreichen, dass alle mich lieben"* führt auf Dauer zur krank machenden Überforderung. Niemand wird es erreichen, auch wenn er sich noch so sehr anstrengt.

Einstellungen als Stressgaranten

Es gibt eine Vielzahl von Einstellungen, die geradezu als Stressgaranten gelten können. Das Wörtchen „muss" spielt dabei eine herausragende Rolle. Einer hat in diesem Zusammenhang sogar einmal von „Mussturbation" gesprochen. Aber auch wenn man sich selbst ablehnt oder wenn man etwas vermeiden will, kann dies zur Daueranspannung führen. Einige dieser Stressgaranten will ich Ihnen, geordnet nach verschiedenen Gesichtspunkten, anhand von Beispielen aufzählen.

Paul Power

Paul Power ist ein typischer Vertreter *leistungsorientierter Einstellungen.*

Er ist selbständig, erfolgreich, engagiert sich im Schulelternbeirat und in seiner Kirchengemeinde. Er ist der festen Überzeugung, dass ohne ihn wenig geht. Er arbeitet Tag und Nacht, kommt nie zur Ruhe. Mit seinen Einstellungen hat er ein recht erfolgreiches Leben hingekriegt. Zumindest von außen betrachtet. Am Ende scheint es ziemlich kurz zu werden: Der „Powerpaule", wie ihn seine Freunde nennen, erleidet kurz vor seinem 50. Geburtstag einen schweren Herzinfarkt. Daraufhin ändert er sein Leben.

Folgende Einstellungen waren bis dahin für ihn zentral:

Ich muss in allem, was ich tue, perfekt sein.
Ich muss immer über alles die volle Kontrolle haben.
Ich muss besser sein als die anderen.

Es hätte für Paul auch übler ausgehen können. Der Dichter Wilhelm Busch schreibt: „Wirklich, er war unentbehrlich! Überall, wo was geschah, zu dem Wohle der Gemeinde, er war tätig, er war da .... Ohne ihn war nichts zu machen, keine Stunde hatt' er frei. Gestern, als sie ihn begruben, war er richtig auch dabei."

Thekla Taugenichts

Thekla Taugenichts strahlt mit jeder ihrer Lebensäußerungen aus, dass sie besser nicht geboren wäre. Von morgens bis abends leidet sie unter **selbstkritischen Einstellungen** wie:

Ich tauge nichts.
Ich werde es nie schaffen, mich zu ändern.
Jede Kritik an mir ist berechtigt.
Ich bin an allem schuld.

Thekla macht tatsächlich die Erfahrung, dass die Umwelt sie so behandelt, wie sie selbst von sich denkt. Thekla produziert eine sich selbst erfüllende Prophezeiung.

Fritz Flucht

Fritz hasst die Konfrontation. Am liebsten wäre er unsichtbar. Konflikten geht er nach Möglichkeit konsequent aus dem Weg. Er glaubt an **vermeidungsorientierte Einstellungen** wie:
Wenn man Problemen oder unangenehmen Situationen aus dem Weg geht, verschwinden sie mit der Zeit von selbst.
oder
Je weniger ich offen von mir zeige, umso besser.
Fritz Flucht wird ernsthafte Probleme bekommen. Alles Unerledigte bindet Kraft. Damit nicht genug: Alle Anstrengung, die Fritz aktiv in seine „Verschieberitis" investiert, bindet zusätzlich Kraft. Es ist auf Dauer schlichtweg nicht möglich, allen Unannehmlichkeiten aus dem Weg zu gehen: Irgendwann kommt der Tag, da drehen ihm die Stadtwerke den Strom ab.

Wilma Wichtig

Wilma ist eine Frau, die ihre Sache gut machen will. Ihr ist wichtig, wie andere über sie denken. Dafür ist sie bereit, eine Menge zu geben. Dahinter stehen *übertriebene Einstellungen* wie:

Ich bin für alles verantwortlich.

Ich muss von allen akzeptiert sein.

Sie hat sich im Laufe der Zeit ganz schön verbogen, hat es aber immer nur gut gemeint. Erst als ihre fast erwachsene Tochter ihr vorwirft: „Du hast mich zur Unselbständigkeit erzogen", wird Wilma wach.

Allen diesen Einstellungen gemeinsam ist, dass sie einseitig, generalisierend und schlichtweg auf Dauer ungesund sind. Diese Einstellungen führen dazu, dass, wer sie pflegt, nicht mehr in der Lage ist zu unterscheiden, wo Anstrengung, Selbstkritik oder Vermeidung gut wäre. Stattdessen handelt diese Person nach einem starren Programm. Sie verfolgt ein ungesundes „muss", eine generelle Selbstablehnung oder eine durchgängige Vermeidungshaltung.

Zunächst geht es darum, die ungesunden stresserzeugenden Einstellungen zu erkennen. Vielleicht haben Sie bei der Aufzählung eine oder mehrere entdeckt, die für Sie zutreffen. Haben Sie sich bei Paul, Thekla, Fritz und Wilma wiedergefunden?

Sie erinnern sich: Mit einem mittleren Anspannungsniveau, so haben wir oben gesagt, kann die Leistungsfähigkeit optimal werden. So weit die Theorie. Stressbewältigung durch Einstellungsänderung kann aber nur dann gelingen, wenn ich auch in der Lage bin, eine gemäßigte Einstellung zu vertreten. Ich sage dann nicht mehr: „Ich muss unter allen Umständen …", sondern z.B.: „Es wäre schön, wenn …"

„Erkannt, Gefahr gebannt" könnten Sie jetzt vielleicht denken. Wenn da nicht der wohl bekannte und zugleich ungeliebte „innere Schweinehund" dazwischenkäme, den es zu überwinden gilt. So leicht ist es also nicht. Ganz im Gegenteil: Diese alten Einstellungen sind oft so tief in unserem Denken, Fühlen und Handeln verankert, dass wir sie nicht ohne Anstrengungen loswerden. Denn erschwerend kommt hinzu, dass es uns, wenn wir erst einmal im Stress sind, besonders schwer fällt, etwas zu ändern. Da haben wir gar nicht die Kraft, zusätzlich etwas zu ändern. Sind wir nicht im Stress, sehen wir oft keine Veranlassung, etwas zu ändern und alles bleibt beim Alten. Vielleicht sind das die Gründe dafür, weshalb es uns so schwer fällt, effektive Alternativen zu entwickeln, die uns ein stressfreieres Leben ermöglichen. Wir sagen: „Ja, ja, ich weiß, das müsste ich ändern", nur ändern tun wir nichts. Und doch wollen wir nicht vorschnell aufgeben. Wenn wir Christen sind, meine ich, sollten wir an dieser Stelle erst recht nicht aufgeben, ist uns doch überfließendes, erfülltes Leben verheißen. Und ich persönlich glaube nicht, dass Gott uns diese Option ausschließlich für die Ewigkeit versprochen hat.

Wenn ich meine Einstellung ändern will, nehme ich in Kauf, dass es vorübergehend erst einmal noch etwas schwieriger werden kann. Die verstandesmäßige Einsicht ist da: „Ich weiß, welche Einstellung bei mir eine Stressreaktion hervorruft." Die Gewohnheit vereinnahmt das Gefühl und sagt: „Ich reagiere noch heftiger, wenn du es anders machst, als du es bisher gemacht hast." Es bleibt uns keine andere Wahl, als der neuen Erkenntnis zu ihrem Recht zu verhelfen, gegen die alte Einstellung zu verstoßen und etwas Neues auszuprobieren. Das heißt: Die oft recht lange Durststrecke zwischen der verstandesmäßigen Einsicht und der gefühlsmäßigen Einsicht kann ich nur durch Ausprobieren und Üben überbrücken.

Wer zum Beispiel bisher alles perfekt machen musste, leistet sich bewusst kleine Nachlässigkeiten und stellt nicht sofort, aber doch nach einer Zeit fest, dass das „muss" kein muss bleiben muss. Aus dem „ich muss perfekt sein" wird „ich kann mir einen Fehler leisten".

Paul lernt nach seinem Herzinfarkt ganz allmählich, dass er nicht mehr alles selbst machen muss. Er gibt ein Ehrenamt auf und macht die Erfahrung, dass andere, denen er einen Teil der Verantwortung überlässt, an den Aufgaben wachsen. Sie machen es gar nicht so schlecht, wie er nach einiger Zeit feststellt. Er lernt Kontrolle abzugeben.

Thekla nimmt sich vor, bei ihrer Morgentoilette einen bestimmten Satz dreimal laut vorzulesen. Sie hat ihn mit einem Zettel an ihren Spiegel geheftet. Der Satz lautet: „Ich bin ein wertvoller Mensch, weil Gott mich liebt."

Fritz beginnt damit, täglich 15 Minuten Zeit zur Erledigung von Dingen zu reservieren, die ihm unangenehm sind. Dies ist seine ganz persönliche „Fritz-Schwitz-Time", wie er sie mittlerweile fast liebevoll nennt.

Wilma nimmt sich vor, mindestens einmal pro Tag das Wörtchen „nein" zu sagen, wo sie vorher „ja" gesagt hätte.

Alles, was wir überzeugend leben, hat die Tendenz sich zu bewahrheiten. Dies trifft glücklicherweise auch in positiver Hinsicht zu.

Wir könnten diesen Veränderungsprozess als „authentisches Rollenspiel" bezeichnen: Ich handele so, als wäre das, was ich mir noch wünsche und was mir derzeit noch nicht gelingt, schon eingetreten. Ich überlege mir, wie ich mich in einer ganz konkreten Situation verhalten möchte und probiere es im Leben aus. Dabei ist mir zunächst ganz mulmig zumute und ich frage mich, ob das etwas bringt. Wenn Sie es einmal ausprobieren, kommen Sie sich dabei vielleicht komisch vor, weil Sie so tun, als wäre Ihr Verhalten schon echt, dabei spielen Sie zunächst noch eine Rolle. Der entscheidende Unterschied zu anderen Schauspielereien ist, dass wir uns trauen, Echtheit und Ehrlichkeit zu spielen. Dadurch werden wir es auch schließlich.

Ich halte den Bereich der Einstellungsänderung für die zentrale Stellschraube der Veränderung bei der Stressbewältigung. Dieser Veränderungsprozess, der sowohl die relativ einfache verstandesmäßige Einsicht als auch die sehr viel schwierigere gefühlsmäßige Einsicht umfasst, geschieht eher in Monaten und Jahren als in Tagen und Wochen. Ein altes chinesisches Sprichwort lautet daher vielleicht: „Säe einen Gedanken, du erntest eine Tat. Säe eine Tat, du erntest eine Gewohnheit. Säe eine Gewohnheit, du erntest einen Charakter. Säe einen Charakter, du erntest ein Schicksal."

Denken Sie daran: Die vielen Kleinigkeiten machen auf Dauer die großen Unterschiede.

Belastungsausgleich

Eine weitere Hilfe gegen ungesunde Stressreaktionen besteht im **Belastungsausgleich**. Damit ist die gezielte Planung von angenehmen Tätigkeiten gemeint, denen ich eine hohe Priorität einräume. Der Belastungsausgleich sollte eine ebenso hohe Priorität haben wie z.B. ein wichtiger beruflicher Termin. Ansonsten besteht die Gefahr, dass es bei einer guten Idee bleibt, die zusätzlich Stress verursacht, weil ich ja weiß, was mir gut täte, es aber nicht tue.

Beispiele für Belastungsausgleich sind Lesen, Musik hören, ein Instrument spielen, Sport treiben, kulturelle Veranstaltungen oder Museen besuchen, Bekannte treffen.

Bedenken Sie auch hier: Jeder hat das Recht auf seinen eigenen Belastungsausgleich. Wichtig ist natürlich, dass es wirklich Spaß machen soll. Und vielleicht stellen Sie bei der Überprüfung Ihrer bisherigen Aktivitäten zum Belastungsausgleich fest, dass Sie zwar immer der Auffassung waren: Das muss mir Spaß machen – nur hat es, wenn Sie ehrlich zu sich selbst sind, nie wirklich Spaß gemacht.

Dann dürfen Sie es lassen und sich etwas aussuchen, was wirklich Spaß macht. Gut wäre, wenn Sie zugleich darauf achten, dass es Ihnen nicht langfristig schadet. Nur so lässt sich Freizeitstress, und im übleren Fall sogar Schlimmeres, wie zum Beispiel gesundheitliche Schäden, vermeiden.

Entspannung und Bewegung

Eine eigenständige Rolle spielen **Entspannung** und **Bewegung** als natürliche Formen der Stressbewältigung. Entspannung hilft uns bei der Sammlung und Konzentration auf das Wesentliche. Dies kann auch in Form einer fünfminütigen Kurzentspannungsübung geschehen, die Sie jederzeit im Alltag anwenden können. Zum Beispiel so:

1. Wählen Sie ein Wort aus, das für Sie Entspannung symbolisiert (zum Beispiel: „friedlich", „ruhig", „gerettet", „entspannt")
2. Nehmen Sie eine angenehme Haltung ein.
3. Schließen Sie die Augen.
4. Sagen Sie sich Ihr Wort immer wieder bei einem Ausatmen leise vor.

   Wenn andere Gedanken auftauchen, ignorieren Sie diese jetzt. Stattdessen kehren Sie zur Wiederholung des Wortes zurück. Wenn Sie nicht mehr eigenständig entspannen können, ist die Unterstützung durch ruhige Musik hilfreich.

Bewegung ist schließlich die natürlichste Art der Stressbewältigung, sie stellt ein Programm dar, das tief in uns wurzelt: Durch Flucht oder Angriff können wir uns auf natürliche Art sinnvoll verhalten und etwas, was eine Stressreaktion auslösen kann, begegnen. Fehlt die Möglichkeit der Bewegung, muss der Körper oft direkt herhalten. Denken Sie an die verschiedenen Ebenen der Stressreaktion. Durch Bewegung, auch zeitverzögert, können wir angestaute Energien abführen. Allerdings scheint es wenig sinnvoll, mit Hilfe von Entspannung und Bewegung, Stressbedingungen weiter auszuhalten, die wir vielleicht sogar abstellen könnten.

Problemlösen

Damit ist der Bereich des **Problemlösens** angesprochen. Hier geht es darum, nach einem vorgegebenen Schema ein konkretes Problem zu bewältigen.

Damit Sie sich die sechs Schritte des Problemlösens besser behalten können, sind sie durchnummeriert. Darunter finden Sie eine kurze Erläuterung dazu. Grundsätzlich ist es hilfreich, wenn das Vorgehen verhaltensnah, zukunfts- und lösungsorientiert, positiv und flexibel ist und in möglichst kleinen Schritten geschieht.

Die sechs Schritte des Problemlösens in schematisierter Form:

1. *Problembeschreibung*

Worum geht es genau? Wer? Wann? Was? Wie? Wo? Mit wem?

2. *Lösungsmöglichkeiten erarbeiten*

Ohne Vorgaben werden alle Lösungen, auch wenn sie absurd erscheinen, gesammelt und aufgeschrieben.

3. *Bewertung und Auswahl einer Lösung*

Die gesammelten Lösungen werden auf ihre Realitätstauglichkeit hin überprüft. Außerdem wollen wir wissen, was die zu erwartenden kurzfristigen und langfristigen Konsequenzen bei deren Umsetzung wären. Eine realistische und langfristig eher positiv wirkende Lösung wird ausgewählt.

4. *Einen Handlungsplan entwickeln*

Zeit, Ort und Methode werden festgelegt und die Durchführbarkeit für den Lösungsansatz wird überprüft.

5. *Die praktische Umsetzung*

In kleinen, überschaubaren Schritten.

6. *Die Überprüfung des Erfolges*

Hat sich die Lösungsstrategie bewährt? Wenn ja: Selbstbelohnung und genießen des Erfolges. Wenn nein: Selbstbelohnung für den bisherigen Einsatz und Ursachenanalyse, anschließend je nach Ergebnis der Analyse zurück zu Punkt 1, 2, 3, 4 oder 5 und dort wieder beginnen.

Soziale Unterstützung

Als letzten Punkt möchte ich noch die Wichtigkeit der **sozialen Unterstützung** für eine gelingende Stressbewältigung betonen. Insbesondere wenn man diese spirituell erweitert, gewinnt sie große Bedeutung. Wir leben in und von zwischenmenschlichen Beziehungen. Dort, wo sie intakt sind, dürfen wir sie getrost als Schutzfaktoren gegen Stress bezeichnen. Dort, wo sie fehlen, wirkt der Mangel als Risikofaktor. Wir brauchen es für unser Selbstwertgefühl, dass wir Menschen haben, die uns lieben und akzeptieren, auch unabhängig von unserer Leistung. Howard Clinebell hat daher den Satz geprägt: „Es ist das Grundbedürfnis eines jeden Menschen, geliebt zu werden in einer verlässlichen Beziehung."

Die meisten von uns haben solche Beziehungen, die dieses Grundbedürfnis stillen. Und doch ist es eine wackelige Sache: Menschen können sich von uns und wir uns von ihnen trennen oder sie können einfach wegsterben. Wir haben nicht die Kontrolle darüber, und absolute Sicherheit gibt es nicht.

Wir sind Gottes Geliebte

Mich haben die Gedanken von Henri J. M. Nouwen beschäftigt, der beschreibt, dass wir bei Gott der geliebte Mensch sind. Aus seinem gleichnamigen Buch „Du bist der geliebte Mensch" möchte ich daher einen Ausschnitt zitieren: „Die Verachtung seiner selbst ist der größte Feind des geistlichen Lebens, denn sie sagt das gerade Gegenteil davon, was die Stimme vom Himmel her sagt: ,Du bist ein geliebter Mensch.' Dass wir geliebte Wesen sind, ist die Kernwahrheit unseres Daseins. Ich stelle das so direkt und einfach in die Mitte, denn obwohl mir die Erfahrung, in meinem Leben geliebt zu sein, nie ganz fremd war, habe ich mich dennoch niemals an sie als die Grundwahrheit gehalten. Ich rannte immer in einem größeren oder kleineren Bogen um sie herum, ständig auf der Suche nach jemandem oder etwas, der oder das in der Lage gewesen wäre, mich davon zu überzeugen, dass ich wirklich geliebt werde. Es war, als stellte ich mich hartnäckig gegenüber der Stimme taub, die aus der Tiefe meines Wesens zu mir spricht und mir sagt: ‚Du bist mein geliebter Sohn, an dir habe ich Wohlgefallen.'

Diese Stimme ist immer da gewesen, aber anscheinend war ich darauf aus, lieber auf andere, lautere Stimmen zu hören, die mir zuriefen: ‚Beweise, dass du etwas wert bist; vollbringe etwas Bedeutendes, Aufsehenerregendes oder Imponierendes; damit kannst du dir die Liebe verdienen, nach der du dich so sehnst!' Derweil überhörte ich die ganze Zeit die Stimme, die im Schweigen und der Einsamkeit meines Herzens zu mir spricht, oder ließ mich von ihr jedenfalls nicht überzeugen. Diese leise, gütig

Stimme, die mich den geliebten Sohn nennt, sprach in vielfältigster Weise zu mir ... aber alle diese Zeichen der Liebe genügten doch nicht, um mich davon zu überzeugen, dass ich Gottes geliebter Sohn sei ...

Aber schau, du und ich, wir brauchen uns nicht zu Tode hetzen. Wir sind Geliebte. Wir sind zutiefst Geliebte ... Das ist die grundlegende Wahrheit unseres Lebens." (S. 28 ff)

So werden wir zu Menschen, die eine neue Mitte finden. Wahrscheinlich wird es nicht anders gehen, als dass wir zunächst mittellos werden, indem wir uns von all unserm Bemühen, besonders gut, ja perfekt sein zu wollen, verabschieden. Es geht darum, ehrlich vor sich selbst zu werden, wir müssen lernen zuzugeben, dass wir uns übernommen haben. Sie erinnern sich: Wir geben Vertrautes auf, um Neues zu wagen. Das ist der zentrale Punkt bei der Einstellungsänderung. Die Bibel berichtet uns an vielen Stellen von Einstellungsänderungen, von Sinneswandlungen, die zu einer Umkehr führten. Und das kann, wie im Beispiel vom verlorenen Sohn (Lukas 15,11-32) so aussehen, dass er wieder dorthin zurückkehrt, von wo er kam. Allerdings war der Ausbruch nötig, um anders zurückzukommen. In seinem Inneren hatte sich das Entscheidende getan. Bei der Stressbewältigung als Einstellungsänderung ist das nicht anders: Das Innere wird sich wandeln, der Rest bleibt offen und frei für Veränderung. Es ergeben sich viele Möglichkeiten. Selbst die eine, einst verhasste Situation wieder aufzusuchen und sich ihr erneut zu stellen, wird erwogen und erweist sich als richtig. Der verlorene Sohn musste ausziehen, um eine Einstellungsänderung vorzubereiten, um dann wieder zurückkommen zu können. Was müssen Sie tun, um Ihre Einstellung zu ändern, damit es ausreicht, Ihre stressvolle Lebenssituation zu ändern?

Ob es wohl ein Zufall ist, dass in dem bekannten Handbuch für sinnverwandte Wörter und Ausdrücke „Sag es treffender" die Worte *Ausgeglichenheit* und *Gleichgewicht* im selben Sinnzusammenhang verstanden werden wie *Be-*

sinnlichkeit und *Seelenfriede?* Alle diese Worte haben den Aspekt der Ruhe gemeinsam. Ich persönlich bin davon überzeugt, dass wir diese Ruhe durch Glauben erfahren. Im Glauben haben wir ein gegründetes Fundament, das wir immer wieder neu brauchen, um effektiv Stress zu bewältigen. Denken Sie an Ihre persönliche Baustelle. Auf diesem Fundament der in Gott gegründeten Ruhe erfahre ich zugleich heiteres Gelassensein und Tief-verwurzelt-sein. Jesus macht im „Heilandsruf" allen Unruhigen und mühselig Gestressten das Angebot, zu ihm zu kommen: „Kommt alle her zu mir, die ihr euch abmüht und unter eurer Last leidet! Ich werde euch Frieden geben. Nehmt meine Herrschaft an und lebt darin! Lernt von mir! Ich komme nicht mit Gewalt und Überheblichkeit. Bei mir findet ihr, was eurem Leben Sinn und Ruhe gibt. Ich meine es gut mit euch und bürde euch keine unerträgliche Last auf" (Matth. 11,28-30). Mich, der ich immer wieder in der Gefahr stehe, meine Zerstreuung im alltäglichen Einerlei zu suchen, beschämen diese Worte, machen sie mir doch unmissverständlich deutlich, wo ich noch nicht bereit bin, Gott mein Leben zur Verfügung zu stellen. Die Worte sind aber auch Herausforderung und Trost für mich. Ich fühle mich durch sie eingeladen, dort Ruhe zu suchen, wo sie auch zu finden ist: bei Jesus Christus. Diese Ruhe bringt mich in Bewegung, in Bewegung, die sozusagen im „abgesicherten Modus" stattfindet, weil ich Christus an meiner Seite weiß.

Demnach ist es meine und unsere Aufgabe, in Bewegung zu kommen, uns aufzumachen und die Dinge mutig und mit einem gesunden Maß an Stress anzupacken. Ich habe einmal den Satz gehört: „Gott hat keine anderen Hände als unsere." So ist es. Und die dürfen wir einsetzen, für uns, für andere und für Gott. Nur müssen wir dazu oft Altes und Vertrautes loslassen, müssen unsere Hände wieder frei bekommen.

Loslassen einüben

Meine Frau und mich hat ein Gedanke aus dem Losungsheft der Herrnhuter Brüdergemeine sehr angesprochen. Der Spruch stammt von Lindolfo Weingärtner und lautet: „Du klammerst dich an Dinge, die du hast, hältst angstvoll fest und glaubst, du bist gehalten: Die Dinge haben dich – du schleppst die Last; du meinst du herrschst und fronest den Gewalten! Lass los, o Mensch, lass los, bevor der Tod dir schließlich aufbricht die verkrampften Hände! Gib dem Erlöser Raum, lös fremde Not! Erlöstes bleibt. Das Machwerk hat ein Ende."

Erlöstes bleibt, wo wir dem Erlöser Raum geben. Es geht also auch um Loslassen, um neu vertrauen. Darum, dass wir um einen wissen, der uns nicht Dreck oder Sand in die Hand gibt, wenn wir sie öffnen, sondern fruchtbaren Samen, mit dem wir Neues beginnen können. Bei allen Techniken zur Stressbewältigung: Das Geheimnis der Veränderung und letztlich eines gelingenden Lebens liegt im Loslassen-Können.

Der fruchtbarste Samen schimmelt irgendwann, wenn er in der Hand verbleibt.

Gott will uns helfen loszulassen von unseren

einspurigen Wünschen, Eitelkeiten, Süchten und unerfüllbaren Sehnsüchten, von unlauteren Motiven, Ängsten, Zwängen und der Selbstzerstörung. Er will das nicht, da bin ich mir ganz sicher, denn als Christen sind wir zur Freiheit berufen, nicht zu einem stressigen Leben in Ketten, wie immer diese aussehen mögen.

Literatur

Clinebell, H.J.: Modelle beratender Seelsorge, 5. Auflage, München 1985

Kaluza; G.: Gelassen und sicher im Streß, Berlin 1996

Nouwen, H., J. M.: Du bist der geliebte Mensch, Freiburg 1997

Selye, H.: Stress beherrscht unser Leben, München 1991

Textor, A. M.: Sag es treffender, 2002

Wagner-Link, A.: Der Streß, TK Broschüre, Hamburg 2. Aufl. 1993